Antonio Mira de Amescua

La próspera fortuna
de don Álvaro de Luna

Edición de Vern Williamsen

Barcelona **2024**
Linkgua-ediciones.com

Créditos

Título original: La próspera fortuna de don Álvaro de Luna.

© 2024, Red ediciones S.L.

e-mail: info@linkgua.com

Diseño de cubierta: Michel Mallard.

ISBN tapa dura: 978-84-1126-791-5.
ISBN rústica: 978-84-9816-098-7.
ISBN ebook: 978-84-9897-575-8.

Sumario

Brevísima presentación

La vida

Antonio Mira de Amescua (Guadix, Granada, c. 1574-1644). España. De familia noble, estudió teología en Guadix y Granada, mezclando su sacerdocio con su dedicación a la literatura. Estuvo en Nápoles al servicio del conde de Lemos y luego vivió en Madrid, donde participó en justas poéticas y fiestas cortesanas.

La historia política real

Álvaro de Luna nació en Cañete (Cuenca) a finales del siglo XIV. Hijo bastardo de Álvaro Martínez de Luna, copero mayor del Rey Enrique III, y de María Fernández de Jarana; casada con el alcaide de la fortaleza de Cañete.

A los catorce entró en el servicio de su tío, Pedro de Luna, arzobispo de Toledo, y más tarde papa, con el nombre de Benedicto XIII. Su padre estaba, además, emparentado con María de Luna, reina de Aragón.

A los dieciocho años pasó a la corte de Juan II Trastámara en calidad de paje. Álvaro se casó en 1420 con doña Elvira de Portocarrero y pronto se convirtió en la figura central de la política de Castilla.

Mira de Amescua escribió teatro influido por Lope de Vega, acumulando numerosos personajes y acciones en una misma comedia. Sus argumentos son complicados y su estilo pretende la ornamentación del culteranismo.

Personajes

Alcalde
Alfonso, Rey de Aragón
Álvaro Núñez de Herrera
Criados
Don Álvaro de Luna
Doña Elvira
El infante de Aragón
El Rey don Juan II
Inés de Torres, criada
Juan de Mena
Juan García
La Infanta
Pablillos, gracioso
Paje
Ruy López de Avalos

Jornada primera

(Sale Ruy López, Juan García y Herrera, vistiéndole, y un Paje.)

Ruy   ¿Qué hora es?

García   Señor, las nueve.

Ruy   A la vejez cualquiera mal se atreve.
                       Tarde me he levantado.
                       Mis continuos achaques lo han causado.
                       Hijos, vestidme aprisa,
                       porque antes que a palacio, vaya a misa.
                       Herrera, Juan García,
                       mucho huelgo de veros, a fe mía.

García   Tu vida el cielo aumente.

(Gritan los pobres diciendo «limosna».)

Ruy   Amigos, ¿qué se debe a aquesa gente
                       que he sentido allá fuera?

Herrera   Nada, señor, son pobres.

Ruy   Pues, Herrera,
                       ¿no es deuda y muy debida
                       la limosna que piden, por mi vida?
                       Que nunca el pobre aguarde;
                       la limosna deshace el darla tarde.
                       Dadme capa y espada;
                       que sale alegre el día, y si le agrada
                       salir al campo agora
                       al Rey, nuestro señor, pienso que es hora

de verle; que ha tres días
que no le vi por las dolencias mías.

Mena   Este papel te envía
el marqués de Villena.

Ruy   El que solía
tener tan gran estado,
y agora, con sus libros, retirado,
contempla las estrellas
adivinando lo futuro en ellas.
Sal y cierra esa puerta.
Aunque no nos predice cosa cierta
la docta astrología,
a Enrique consulté la dicha mía,
y en éste me responde
el fin que a mi vejez el cielo esconde,
de varios astros lleno.
«A don Ruy López de Ávalos el Bueno.»
Mejor es que lo fuera,
y que el mundo este nombre no me diera.

(Lee.)   «Cuando lea vueseñoría este papel, estará
con dos criados suyos, los que más quiere (Es
verdad); el uno será espejo de la lealtad, y
el otro de la traición; el uno causará su
ruina y el otro será restaurador de su honra.
De ahí a pocos días, entrará en su casa quien
le ha de suceder en sus estados y vueseñoría
será feliz en sucesión, si desdichado en sus
últimos días. Don Enrique»

Ruy   ¿Qué decís de esto los dos?

10

Herrera	Que el prudente predomina
	los astros de luz divina,
	y sobre todos es Dios.
	Si voy siguiendo tus huellas,
	y tus ejemplos seguí,
	claro está, señor, que en mí
	han mentido las estrellas.
García	Si fe al papel se debiera,
	como a precepto de Dios,
	me pesara a mí por vos,
	Álvaro Núñez de Herrera;
	pues hallándome fiel
	con Ruy López, mi señor,
	o vos seréis el traidor,
	o ha mentido ese papel.
Herrera	Córdoba, mi patria, sabe
	que jamás agravio he hecho,
	y el hábito de mi pecho
	nos dice que en él no cabe
	semejante deslealtad;
	y así, es consecuencia mía
	que el traidor es Juan García,
	si el papel dice verdad.
Ruy	Basta, hijos, que señales
	vencen virtud y prudencia,
	que esa honrosa competencia
	os da a los dos por leales.

(Sale el Paje.)

Mena   ¡Señor, señor...!

Ruy	¡Con qué susto entras! Prosigue. ¿Qué pasa?
Mena	Su majestad entra en casa.

Ruy	¡Grande amor y gran disgusto!
	   Buenas albricias mereces;
	mas no es nuevo para mí
	que reyes entren aquí;
	su padre entró muchas veces,
	   aunque ésta me maravilla.
	A recibirle saldré.

(Sale el Rey y acompañamiento.)

Rey	Ya no tenéis para qué, gobernador de Castilla. Condestable, amigo, así se han de visitar los hombres como vos.
Ruy	Dente renombres de Alejandro, César...
Rey	Di de Enrique, mi padre, pues a su nombre se es debido más honor.
Rey (Aparte.)	(Gracia ha tenido.) Fue agudeza y verdad es. Hónrame el besar tu mano.

Rey	Los brazos, padre, te debo.
Ruy	Otro honor es ése nuevo, nombre es ése soberano.
Rey	Mi padre, cuando murió, por ser tú el mejor vasallo que en todos mis reinos hallo mi niñez te encomendó. Como a hijo me has criado, y pues que mi padre has sido y mi ayo, este apellido justamente te ha cuadrado.
Ruy	Tanto estimo que me cuadre el de súbdito, que aún hallo en el nombre de vasallo más honor que en el de padre.

(Habrá un dosel con silla.)

Sentaos, señor, y reciba
honras despacio esta casa;
y no es nuevo lo que pasa
en ella, que así yo viva,
	que vuestro padre la honró
tres veces, y en esta silla
ningún señor de Castilla
después acá se sentó.
	Vuelta ha estado a la pared
en señal honrosa y bella,
que el Rey se sentaba en ella
haciéndome a mí merced.

Rey	En mí vive el mismo amor.
	Oíd aparte.
Ruy	Despejad;
	que quiere su majestad
	quedar solo.
Herrera	¡Gran favor!

(Vanse.)

Rey	¿Cómo no os cubrís?
Ruy	No pasa
	esa honra a mi cabeza;
	porque es tanta la grandeza
	del estar vos en mi casa,
	Rey y monarca español,
	que me deslumbro con ella,
	y cualquier merced estrella
	será delante del Sol.
Rey	Cubríos, dadme contento.
Ruy	No he de ser grande este día.
Rey	Acabad. ¡Por vida mía!
Ruy	Obligóme el juramento.
Rey	Mi padre, a quien llamó el mundo
	el Enfermo don Enrique,
	murió cuando daba yo
	los primeros pasos libres

de la vida, dando al reino
su muerte lágrimas tristes.
Quedé yo muy niño entonces,
y mi padre me prohibe
que pueda gozar el reino
hasta que quince años libres
goce, y a vos, condestable,
gobernador os elige,
con otros grandes, mas pues
el cielo santo permite
que para los quince años
medio me falta, suplidle,
Ruy López, para que yo
estos reinos administre.
Hoy a los grandes y al reino
esta petición humilde
les proponed, condestable,
si en algo queréis servirme,
pues a vuestra casa, amigo,
solo a este negocio vine.

Ruy   A estar, señor, en mi mano,
que siempre experiencias hice
de vuestra capacidad
no fuera hacerlos difícil.
¡Oh, qué bien, qué sabiamente,
ya severo, ya apacible,
hizo temerse y amarse
vuestro padre don Enrique!
Acuérdome que una vez
cazaba por divertirse
en las riberas de Arlanza
palomas y codornices,
y como todas sus rentas

se gastaban en las lides
con los moros, pobre estaba,
pero no por eso triste.
Llega al Rey su despensero,
y con turbación le dice
que no tiene qué yantar
ni crédito con que fíen
el bastimento a su alteza.
Oblígale a que se quite
un balandrán que tenía
para que le empeñe y guise
algo que coma. Empeñóle;
no compraron francolines,
una espalda de carnero.
¡Qué pobreza tan insigne!
¡Qué riqueza tan gloriosa!
¡Qué modestia tan felice!
Acuérdome que le escucho
muchas veces que repite
esta sentencia discreta:
«Más temo yo, más me afligen
las maldiciones del pueblo,
que con mucho amor me sirve,
que las armas de los moros.»
Sentencia de Rey sublime.
Llevósele Dios temprano,
porque Dios que nos redime
para sí quiere los buenos;
perdonad, que bien le quise.
Débole el ser, y así el alma
por los ojos se derrite
en lágrimas si me acuerdo
del enfermo Rey Enrique.
Sus memorias me enternecen

y estas lágrimas me piden
como legítima deuda.
¡Llorad, ojos infelices!

Rey

Condestable, si en el cielo
agora mi padre vive,
el mismo amor hallaréis
en mis años juveniles.

Ruy

Así, señor, lo he sentido;
mas son afectos gentiles
del alma tales efectos
y así suelen convertirse
en lágrimas. Perdonad.

(Sale el infante de Aragón.)

Infante

Siguiendo los pasos vine
de tu majestad.

Rey

¡Oh, primo!
¿Qué hay de nuevo? ¿A qué viniste?

Infante

Una novedad extraña
le traigo a tu majestad.

Rey

Infante, ¿qué novedad?

Infante

Que está en los reinos de España
el pontífice romano,
porque juntándose van
a Concilio en Perpiñán
con un hijo de su hermano.
Ésta escribe para ti.

Rey	Yo lo agradezco y estimo. Abrid vos la carta, primo.
Infante	Su santidad dice así:
(Lee.)	«A nuestro muy caro y amado hijo, el Rey de Castilla, don Juan el Segundo. Los cuidados y diferencias en que está la Iglesia romana por la elección de tres papas, me han traído a España a hacer concilio para unirla y concertarla. De todo doy aviso a vuestra majestad, a quien envío a don Álvaro de Luna, mi sobrino, para que le sirva. De nuestro palacio. Benedicto XIII»
Rey	¿Qué os parece, condestable?
Ruy	Que en vuestro palacio viva ese mancebo y reciba con rostro alegre y afable vuestra majestad, porque es hijo de un gran caballero.
Rey	Hacer vuestro gusto quiero.
Ruy	Mil veces beso los pies de tu majestad, señor. Siendo del papa sobrino, lisonja os hizo si vino buscando vuestro favor.
Rey	Entre don Álvaro.

(Salen don Álvaro y Pablillos.)

Pablillos
        Luna,
  tu norte he de ser; ya sigo
  tu luz.

Álvaro
      Entre Dios conmigo.

(Santíguase.)

Pablillos
  Entre tu buena fortuna,
   y no hagas por desdichas
  reverencias con corcovos;
  encomiéndate a los bobos
  que son dueños de las dichas.

Infante
   Álvaro, besad la mano
  a su majestad.

Álvaro
       Los pies
  besaré al Príncipe que es
  más ilustre y soberano.

Rey
   Levantad. ¿Cómo ha venido
  el papa?

Álvaro
      A España ha llegado
  con salud y con cuidado.
  Esta cisma le ha traído

Rey
   En la suya me da aviso
  de vuestra virtud, y aquí
  quiere que os valgáis de mí.

Álvaro	Sí, señor, y bien me quiso.
Rey	¿Cómo le dejáis?
Álvaro	Por ser criado vuestro; que así seré más de lo que fui.
Rey	Ya os tengo que agradecer.
Álvaro	Natural inclinación es pretender vuestro aumento. No pido agradecimiento.
Rey	¿Cómo, siendo de Aragón vuestro padre, habéis dejado vuestra patria?
Álvaro	Fue copero del Rey Enrique el Tercero y cuatro villas le ha dado, porque mi abuelo sirvió con la hacienda de importancia cuando Enrique pasó a Francia y en Aragón le venció el Rey don Pedro.
Rey	Vos dais muy buena cuenta de todo y por vuestro honrado modo deseo que me sirváis; y creo que acertaréis porque ya se han confrontado nuestras sangres y he pensado

que buen vasallo seréis.

Álvaro   Felicidad será mía
el saberos agradar,
que no se puede alcanzar
si no es con dicha.

Pablillos   ¿Qué día
podré yo besar la mano
de tu majestad, señor?

Rey   ¿Quién es?

Álvaro   Un loco.

Pablillos   ¡Qué error!

Álvaro   ¡Qué necio!

Pablillos   Muy cortesano
estáis; muy introducido
os veo. ¡Gentil desprecio!
Fui vuestro ayo, y ya soy necio.
Caí como habéis subido.

Rey   ¡Qué ingenio tiene!

Pablillos   Ya el modo
de mi ingenio te prevengo.
Estos arbitrios que tengo
son el remedio de todo:

(Saca papeles y lee.)   «Arbitrio para que el Rey de Castilla sea
Rey de Granada, de Aragón, de Navarra y de

21

Portugal, de los antípodas y nuevos mundos.
»Arbitrio para que Manzanarillos compita en
corriente con el río Nilo, horror de cocodrilos.
»Arbitrio para que no se halle un necio por
un ojo de la cara aunque sea menester para una
medicina.
»Arbitrio para que en España no haya pecados,
ni falta de dineros, sino que todos sirvamos a
Dios y estén ricos. ¡Hay grandes arbitrios!»

Rey   Alguno de ellos, amigo,
                      será forzoso saber.

Pablillos   Como el premio llegue a ver,
                      a declararlos me obligo.

(Vanse don Álvaro y Pablillos, y dice el Rey, yéndose.)

Rey   No os olvidéis, condestable,
                      de lo que os pido.

Ruy   Señor,
                      serviros debe mi amor.

Rey   ¿No es, primo, muy agradable
                         don Álvaro?

Infante   Y ha de ser
                      hombre prudente y sagaz.

Ruy (Aparte.)   (Mas, ¡si fuese este rapaz
                      el que me ha de suceder!)

(Vanse y salen la Infanta y doña Elvira.)

Elvira	El Infante de Aragón hoy me ha escrito este papel.
Infanta	No habrá finezas en él sino loca presunción. Inquietos príncipes son mis primos. Pues, ¿qué te escribe?
Elvira	Dirá que amándote vive.
Infanta	Luego, ¿tú no le has leído?
Elvira	Agora le he recibido.
Infante	¿Qué mujer cuerda recibe papel del Infante; que es quien me enfada cada día?
Elvira	Temí la descortesía.
Infanta	Hazle pedazos, no des crédito a antojos.
Elvira	Después, ¿qué responderé al Infante?
Infanta (Rasga el papel.)	Que deje de ser amante, o que aprenda urbanidad; que es libre mi voluntad y es su término arrogante.
Elvira	¿Cómo rompes impaciente papel que no es para ti?

Infanta	Pues, si fuera para mí rompiérale solamente sin que la mano insolente que le escribió se rompiera.

(Sale el Infante.)

Infante	Tan atrevido no fuera, ni tan dichoso contigo, que mereciera en castigo lo que por favor tuviera.

(Salen el Rey, don Álvaro, Ruy López y gente.)

Rey	¿Dónde, Infanta?

Infanta	Al cuarto voy de la Reina, mi señora.

Rey	Conoced, hermana, agora, a don Álvaro, a quien hoy su tío, el papa, ha enviado a servirme, y yo deseo honrarle mucho, que creo que ha de ser bien empleado. Miradle bien, que me hallo tan inclinado a su amor que no le tendrá mayor ningún Rey a su vasallo.

(Vanse el Rey y Ruy López.)

Elvira (Aparte.)	(Quiero mirar muy atenta

esto que el Rey encarece.
Buen talle tiene, y parece
que majestad representa
  su aspecto con bizarría.
Con dicha en palacio entró,
pues que con el Rey halló
siglos de amor en un día.)

Infanta   Huelgo que el Rey, mi señor,
se sirva de vos y espero
que como buen caballero
mereceréis su favor.

(Vase la Infanta.)

Elvira   Luna sois, palacio os vea
siempre con luz no eclipsada.
Feliz ha sido la entrada,
así la salida sea.

(Vase Elvira.)

Infante   Don Álvaro.

Álvaro   Mi señor,
¿qué me manda vuestra alteza?

Infante   Ampare la sutileza
tu ingenio del grande amor
  que tengo a la Infanta. Creo
que has de ser favorecido
tanto del Rey que excedido
halles tu mismo deseo.
  Si haces mis partes desde hoy,

con prudencia y con recato,
de que nunca seré ingrato
palabra y mano te doy.
    Yo te prometo, yo juro
de ser tuyo si encamina
esto tu industria.

Álvaro   ¿Adivina
vuestra alteza lo futuro,
    o burla de mí? ¿Qué fuente
en los abismos del mar
no ve morir y atajar
el cristal de su corriente?
    ¿Qué luz de breve farol
o qué centella atrevida
tiene aliento, tiene vida,
si está delante del Sol?
    Yo, fuente, ¿puedo tratar
misterios del oceano?
Yo, centella, ¿al Sol humano
podré nunca aconsejar?

Infante   Vanas retóricas son
las de la modestia, amigo.
Sí, podrás, y yo me obligo
de nuevo a tu pretensión.
    Tú podrás lo que deseas:
vencerás humanas suertes.

(Vase el Infante.)

Álvaro   Plega a Dios que en eso aciertes
aunque tú ingrato me seas.

26

(Sale el Rey.)

Rey   Álvaro, poco me quieres,
pues sin mí puedes estar
cuando te vengo a buscar.

Álvaro   Mi propio ser, mi Rey, eres,
  y poder estar sin ti
es querer que el Sol esté
sin la luz que en él se ve.

Rey   Pues, ¿cómo huyes de mí?

Álvaro   Humildad, no desamor
me detiene.

Rey   ¿Y osadía
no te da la amistad mía?

Álvaro   Mucho alienta tu favor.

Rey   Como tienes poca edad,
como yo, fuerza es tener
tu amistad.

Álvaro   ¿Favorecer
a un criado es amistad?
  No, señor, no dé tal nombre
tu majestad al favor.

Rey   La amistad nace de amor.

Álvaro   Siendo desigual el hombre
  que el favor recibe, es llano

que no es amistad, y así...

Rey
En fin, yo te quiero a ti,
y tu pensamiento es vano.
     Siéntate y dime qué damas
viste más bellas.

Álvaro
                    Señor,
sentarme será favor
desproporcionado.

Rey
                         ¿Llamas
desproporción el hacerte
yo favor? Siéntate aquí.

Álvaro
¿Qué dirá, señor, de mí
quien me viere de esta suerte?

Rey
     Nadie nos ve, y así digo
que no es ajeno de ley
que por ser un hombre Rey
tener no pueda un amigo.
     Siéntate.

Álvaro
                    Obedezco, pues,
y digo que solo agora
con la Infanta, mi señora,
vi una dama.

Rey
                    Elvira es
     Portocarrero, y es hija
del señor de Moguer.

Álvaro
                         Ella,

ya nacido de mi estrella,
o para que yo cobija
  mi arrogancia, si desea,
altivez demasiada,
me dijo: «Feliz entrada;
así la salida sea».

Rey   ¡Donosa bachillería!
Si tú en mi gracia has entrado,
no temas que pueda el hado
quitarte la gracia mía.
  Préciase Elvira de ser
quien todo amante acobarda.
¿Qué te pareció?

Álvaro   Gallarda.

Rey   Es muy hermosa mujer

(Sale Ruy López y túrbase de verlos.)

Ruy (Aparte.)   (Hablando está el Rey don Juan
con don Álvaro de Luna,
que a sus pies está sentado;
privará con él, sin duda.
  La juventud de los dos
sus nobles ánimos junta,
que no siempre la razón
contradice la Fortuna.
  Niño el Rey, Álvaro joven,
que sobre el labio las puntas
del vello de oro se muestran,
aunque en la barba se encubran,
claro está que han de tener

amistad. Siempre son unas
nuestras acciones humanas,
aunque con la edad se ocultan.
Lo mismo pasó por mí.
Muchas veces fueron, muchas,
las que yo estuve sentado
entre las alfombras turcas
de la cámara de Enrique
a sus pies, que sus hechuras
tiene cada Rey, y quiere
parecer a Dios, y gusta
de hacer de nuevo los hombres
a su imagen. Las profundas
y cristalinas corrientes
de los ríos, que procuran
llegar con ansias al mar
y una vez montes inundan
otras valles, otros prados,
pero siempre el agua es una.
Varios climas va ilustrando
el Sol, con sus trenzas rubias
diversas cosas lumina,
nuevos hemisferios busca,
y siempre es una su luz.
De esta suerte es la Fortuna:
siempre corre, siempre vuela,
siempre adelante, atrás nunca;
nuevos campos fertiliza,
nuevos caminos procura,
nuevas hechuras levanta
que son imágenes suyas
agua y Sol. Quiero escuchar
lo que dicen.)

Rey

La más pura
fe y amistad que los libros
en sus historias ocultan,
Álvaro, ha de ser la nuestra;
y en Reinando, te asegura
mayores honras mi pecho,
como lo verás.

Álvaro

Quien usa
de ese favor que le has dado,
harto ha merecido.

Rey

Injurias,
Álvaro, mi grande amor.
Si tú fueras, por ventura,
Rey, ¿qué me dieras a mí
a quererme?

Álvaro

Fuera tuya
mi potestad, fueras Rey;
yo fuera una estatua muda
a tu voluntad. Mi ser
al tuyo pasara y juntas
nuestras dos naturalezas,
parecieran ambas una;
y así, no te diera nada
porque fueras la absoluta
potestad del reino y mía.

Rey

Que así de darme te excusas...

Álvaro

Hiciérate condestable
de Castilla, fueran tuyas
Arcos, Arjona, Ladrada,

31

	Ribadeo y Villaescusa, Aillón, Betanzos, Vivero, Montalbán y Villarrubia; fueras conde, marqués, duque.

Ruy (Aparte.) (Amagos son estas burlas
de los sucesos del tiempo;
sin malicia y sin industria
le ha dado rapaz mi hacienda.
¡Ay, del pobre que lo escucha
si hubiera de ser verdad!
Las puertas estaban juntas;
hacer quiero que las abro.)

Álvaro ¿Quién entró agora?

Rey   ¿Te turbas?
¿Qué tienes?

Álvaro   Me vio sentado
Ruy López.

Rey   Pues disimula.

Álvaro Digo, señor, que el halcón
con sus engañosas puntas
de la garza se remonta.

Ruy (Aparte.) (¡Qué bien la plática muda!)
Señor, ya traté en las cortes
que los seis meses se suplan
y que reines luego.

Rey   Y pues,

¿qué fue la respuesta suya?

Ruy   Parece al reino, señor,
que siendo una ley tan justa
la que dispone la edad,
que reprimas y que sufras
los deseos de Reinar,
pues falta poco.

Rey   ¿Quién duda
que por mandarlo vos todo
me ponéis tales excusas?
Sois gobernador del reino,
y haráseos de mal, y es mucha
esa ambición, condestable,
en una vejez caduca.

Ruy   ¡Vive Dios que no he podido
hacerlo porque se juzga
a liviandad el intento!
Rey don Juan, ¿cómo me culpas,
cómo dudas de mi amor?
(Aparte.)   (Moriscas escaramuzas
no temí como a este niño.
Alguna deidad oculta
vive en los reyes.)

Álvaro   Señor,
siempre en los ayos se culpa
la severidad; mas ellos
el bien del público buscan.

Rey   ¿Quién os mete a vos en esto?
Mucho sus cosas me injurian.

Ruy	¡Señor...!
Rey	¡Basta, condestable!
Álvaro (Aparte.)	(La lengua suspendo muda; quédome sin ir con él.)
Rey	¡Álvaro!
Álvaro	¿Señor?
Rey	Escucha.

(Vase el Rey.)

Álvaro	Yo le quitaré el enojo. Condestable, con industria.
Ruy	Obrar bien es lo que importa, don Álvaro; no me turban accidentes, que Dios tiene en su mano la Fortuna.

Fin de la primera jornada

Jornada segunda

(Salen Herrera y Juan García.)

García
    ¡Vive Dios, que he de probar
    mi intención donde no hable!

Herrera
    En casa del condestable
    he de sufrir y callar
      con respeto y cortesía.

García
    Y cuando llegue a perder
    el respeto, ¿qué ha de hacer?

Herrera
    Temple, señor Juan García,
      el enojo, que está en casa
    de Ruy López, mi señor,
    a quien respeto y amor
    debemos ambos.

García
               Me abrasa
      esa flema. Si habla mal
    a espaldas vueltas de mí,
    ¿para qué está humilde aquí?

Herrera
    Hanle engañado; no hay tal.
      Y si agora humilde estoy,
    ya he dicho por qué, García.

García
    ¡Oh, qué cortés cobardía!

Herrera
    Eso no, que noble soy.
      Cobardes son los villanos.
    Perdone esta vez la casa.

García	Agora veré si pasa
	desde la lengua a las manos.

(Meten manos. Sale Ruy López.)

Ruy	¿Qué es esto? ¿Así se atropella
	el respeto que se debe
	a mi casa? ¿Así se atreve,
	sabiendo que estoy en ella,
	vuestra soberbia, rapaces?
	¡Vive Dios, que os mate a palos!
	Necios, locos, hombres malos,
	y que derramáis solaces
	como dicen en Castilla!
	¿Así turbáis mi sosiego?
	Y tú, que pusiste luego
	en la vaina la cuchilla,
	¿quién duda que la ocasión
	diste al enojo?

Herrera	Prometo
	que ha sido por tu respeto.

Ruy	Ya sé vuestra condición
	soberbia y presuntuosa;
	también sois de Andalucía
	y tenéis por bizarría
	no sufrir ninguna cosa
	los andaluces. Ya sé,
	de veros así a los dos,
	que tenéis la culpa vos.
	No me engaño, bien se ve.
	Andad, andad, noramala,

no estéis delante de mí.

Herrera   Debo obedecerte.

(Vase Herrera.)

Ruy   Di,
¿qué fue aquesto?

García   No le iguala
ninguno a su parecer;
revienta de caballero.

Ruy   Como ve que bien te quiero,
celos debe de tener.
    Sed amigos; no haya más.
Tened paz, tened amor
a vuestro dueño.

García   Señor,
si un hábito no me das
    como a Herrera, viviré
siempre de él menospreciado.
No tengas solo un criado
con hábito, amor y fe.
    Me debes honrar mi pecho
como al suyo, porque así
mire tu poder en mí
y Herrera esté satisfecho
    de que no ha de atropellar
tus criados.

Ruy   Otro día
hablaremos más, García,

en esto.

García   ¿Qué se ha de hablar?
                       Si tú quieres, ¿qué no puedes?
                     ¿Qué maestre no es tu amigo?
                     Mi señor, si es que te obligo,
                     no me hagas más mercedes
                       que ésta, y en ella confío
                     que mi suerte se mejora.

Ruy   ¿Te bastará por agora,
                     si te doy un lugar mío?

García   Pues, señor, ¿dificultades
                     hallas con tanta aspereza?
                     ¿No es bastante mi nobleza?

Ruy   ¡Oh, qué mal te persuades!
                       Temo el pedir, y así quiero
                     darte un lugar.

García   Pues, ¿qué aldea
                     puede haber que merced sea
                     como hacerme caballero
                       de hábito?

Ruy   Bien está;
                     yo lo trataré, García.
                     Antes que se ausente el día
                     que remontándose va,
                       he de ir a palacio,; mira
                     si hay qué firmar; dejaré
                     despachado.

García (Aparte.)   (¿Y yo tendré
con justas razones ira?
       Sí, tendré; pero, ¿con quién?
Con el que me dice aquí
o que no hay nobleza en mí,
o que no me quiere bien.)

(Vase García.)

Ruy   ¡Con qué furor, con qué extremos
de soberbio y loco error
nos engaña el propio amor
y nunca nos conocemos!
       Nadie sus defectos ve;
amor propio es amor ciego.
Bien dice el proverbio griego
que la mayor ciencia fue
       el conocerse a sí mismo.
Es hombre humilde García;
no es hombre noble, y porfía
con tan loco barbarismo
       por un hábito, y recelo
desengañar su ambición,
porque le tengo afición
y le daré desconsuelo.
       Mas iréle divirtiendo
hasta que conozca ya
que su descrédito está
en lo que está pretendiendo.

(Sale un Paje.)

Mena   Este memorial me ha dado
un pobre.

Ruy	Y con mucho gusto le veré yo. Esto sí es justo. ¿Memorial y tan cerrado?
(Lee.)	«Mire bien vueseñoría lo que firma, que conviene este recato a quien tiene por secretario a García.» ¿Hay desvergüenza como ésta? Grande envidia la escribió. Dile que entre a quien le dio y llevará la respuesta.
(Vase el Paje.)	¡Qué pueda descomponer la malicia a un buen criado con mercedes obligado! ¿Yo tenía de creer fácilmente deslealtad en quien mucho amor merece?

(Sale el Paje.)

Mena	Quien me le dio no parece.
Ruy	¡Qué conocida maldad! Ya he conocido de quién ha procedido, sí, sí.

(Sale García con papeles y tinta.)

García	Qué firmar tienes aquí.
Ruy	¿Qué porque te quiero bien testimonios te levanten?

¡Oh, envidia! ¡Soberbio trueno!
Vómitos das de veneno,
porque la virtud espanten.
     ¡Salte afuera! Juan García,
no sé si tienes memoria
de un suceso de la historia
de Alejandro, que tenía
     un médico muy privado,
y escribiéronle un papel
que se recatase de él
porque había concertado
     darle la muerte. El famoso
y magnánimo señor,
como le tenía amor,
nunca estuvo temeroso.
     Trújole cierta bebida
un día el médico, y él
entregándole el papel
tomó la copa, y la vida
     segura en caso tan nuevo
dijo con gallardo brío:
«Mira si de ti me fío;
lee tú mientras yo bebo.»
     El mismo caso confirmo,
sin ser Alejandro yo,
mira si te quiero o no.
Lee tú mientras yo firmo.

(Dale el papel y firma mientras lee García.)

García   «Mire bien vueseñoría
                    lo que firma, que conviene
                    este recato a quien tiene
                    por secretario a García.»

41

(Aparte.) (¡Esto se escribe de mí!
¿Quién duda que Herrera ha sido
soberbio y desvanecido
autor de esto? ¡Qué no fui
hombre para darle muerte!
Mas si bien lo considero,
agradecérselo quiero,
pues me avisa de la suerte
que podré vengarme yo
si el hábito no me dan.)

Ruy Todas firmadas están.

García ¿No las has leído?

Ruy   No,
así viva y así vivas.
Soy confiado, aunque viejo.
Dos firmas en blanco dejo
porque dos cartas escribas
a Luis y a Pedro, mi hijo,
y sepan que bueno estoy.
Mira si crédito doy
a lo que la envidia dijo.

García ¿Y en lo del hábito?

Ruy   Calla,
que ya es necia tu porfía.
Esa pretensión, García,
es menester...

García   ¿qué?

Ruy	Pensalla.
García (Aparte.)	(¿Con Herrera ánimo franco, conmigo tanto recelo? Si no me le dan apelo a las dos firmas en blanco.)

(Vase García.)

Ruy	¡Qué engañada aprehensión en algunos mozos veo cuando apoya su deseo su misma imaginación!

(Sale Herrera.)

Herrera	¿Estás ya desenojado? ¿Podré llegar a tus pies?

Ruy	No, ingrato, loco, porque es
	mi enojo agora doblado.
	    Cuando acabas de reñir
	con García, porque de él
	no me fíe, ¿este papel
	te has atrevido a escribir?
	    ¿Un hombre tan bien nacido
	ha de hacer cosas mal hechas?
	¿Ponerse deben sospechas
	en criado que ha servido
	    tan fielmente? Mira, di
	si aquesta letra conoces.

Herrera	Así de buen siglo goces, que ese papel no escribí.

| | ¿Yo tenía de dudar |
| | de la fe del secretario? |

Ruy   Pues, ¿quién es el temerario
         que me pudo a mí enviar
            tal papel?

Herrera   Reconocer
         quiero la letra, que yo
         la he visto.

Ruy   ¿Y quién la escribió?

Herrera   De fray Vicente Ferrer,
               el santo que está en Valencia,
            es sin duda. Él te escribía
            otro tiempo, cada día
            y haciendo la conferencia
               con las cartas que tú tienes,
            verás que es una la letra
            y que el misterio penetra.

Ruy   ¿Milagritos me previenes?
               Muy cansado estoy de ti.
            Mientras se templa mi enfado
            has de hacer lo que he mandado.
            No estés delante de mí.

Herrera   Ni le absuelve ni condena
            mi lengua, pero colijo
            que si acaso verdad dijo
            don Enrique de Villena,
               aunque a mí me quieras mal
            y a él le tengas tanto amor,

que él ha de ser el traidor
y yo he de ser el leal.

(Vanse y salen el Rey y don Álvaro.)

Rey   Salir esta noche quiero.

Álvaro   ¿Y adónde has de ir, señor?

Rey   A pasear hacia el río,
                       o a rondar hacia el terrero;
                          que hay una dama a quien tengo
                       una grande inclinación
                       y quiero que la afición
                       crea con que a verla vengo.
                          Quisiérame declarar
                       con ella, aunque su valor
                       es tan grande, que mi amor
                       más en esto he de mostrar.

Álvaro   ¿Quién es la dama, señor?

Rey   De doña Elvira me agrado.
                       Parece que te ha pesado;
                       ¿tiénesla tú acaso amor?

Álvaro   Hasta aquí mi pensamiento
                       ni le he, señor, reprimido,
                       ni es cobarde ni atrevido.

Rey   ¿Amor fuera atrevimiento?

Álvaro   El cortés galantear
                       de palacio no es amor

como el del vulgo, señor,
es un linaje de amar
  sin celos, sin esperanza,
sin cuidado, sin porfía,
sin amor, sin fantasía,
sin intento, sin mudanza.
  Es respetar las deidades
de un cielo humano; tal es
el palacio de un Rey.

Rey   Pues,
  con esas dificultades,
    ¿amas a Elvira?

Álvaro   Señor,
  esta inclinación la tengo,
  pero ya hielos prevengo
  al pensamiento menor.

Rey   Después que sabes que a hablalla
  vengo yo, ¿dices que quieres
  olvidar? ¡Gracioso eres!

Álvaro   Señor, mira...

Rey   Álvaro, calla;
  que doña Elvira ha de ver
  por su infinito valor,
  que si la trato de amor,
  solo del tuyo ha de ser.
    Por ti solo hablarla quiero;
  y, si te agrada, será
  tu mujer, Álvaro, ya
  que yo vengo a ser tercero.

Álvaro	¿Quién tantas dichas alcanza? Dame esos pies, que presumo...
Rey	Necio, que agradeces humo, ¿doyte yo sino esperanza?

(Sale Pablillos.)

Pablillos	Éntrome, que llueve.
Rey	¿Qué hay, Pablillos?
Pablillos	Vengo podrido de un poeta, que ha venido de allá de Córdoba, y trae un libro que ha dedicado a tu majestad. ¿Qué importa que con ciencia lega y corta haga un libro un licenciado y me dedique su empeño, para que por eso yo le haya de dar lo que no vale el libro ni su dueño? Algunas veces reviento por decir muchas verdades. Escribe mil necedades un cortesano hambriento, dedícalas a un señor con seis renglones en prosa dura, extranjera, escabrosa, y pretende con rigor que le dé para la imprenta

a escudo por necedad;
y hay quien tenga vanidad
de lo que llamo yo afrenta
y lo dé. ¡Qué barbarismo!

Rey   ¿De un arbitrio, pues, te espantas?

Pablillos   Que haga el señor otras tantas
y se las dedique a él mismo.

Rey   El insigne Juan de Mena
tiene ingenio soberano.
También yo al amor tirano
que la libertad condena,
    en versos míos espero
alabar, porque también
los hago, aunque no muy bien.
Don Álvaro.

Álvaro   Lisonjero
quisiera ser. Vanaglorias
puedes recibir con ellos.
¿Quién duda que del hacellos
te han de alabar las historias?

Pablillos   Entrad, señor Juan de Mena,
que sois hombre muy sonado.
Pero, ¿cuánto habéis ganado
a este oficio?

(Sale Juan de Mena.)

Mena   ¡Fama y buena!
Dejad, señor soberano,

48

príncipe de España augusto
que se me cumpla este gusto
de besaros vuestra mano.
    Juan de Mena soy, aquél
que el castellano poeta
llaman hoy, y si profeta
es el corazón fiel
    del hombre, yo he dedicado,
por saber la inclinación
vuestra y notable afición
a los versos inclinado,
    este libro a vos. En él
no sé si con dicha alguna,
las mudanzas de Fortuna
escribo, César novel.
    Sírvase tu majestad
de recibirle. Trescientas
son las coplas. Tú me alientas,
tú eres, señor, mi caudal.
    Mi voluntad manifiesta
es de escribir tus hazañas,
siendo Rey de dos Españas.
La dedicatoria es ésta:

(Lee.)   «Al muy prepotente don Juan el segundo,
aquél con quien Júpiter tuvo tal celo,
que tanta de parte le hace del mundo
cuanta de parte se hace del cielo:
al gran Rey de España, al César novelo,
al que es en las lides bien afortunado,
aquél en quien caben virtud y Reinado,
a él las rodillas postradas al suelo.»

Pablillos   ¡Ay!, que me mata aquel prepotente,

pudiendo decir al muy poderoso.
¡Ay, ay!, que ese metro es tono famoso
para los ciegos cantar de repente.
¡Ay, ay!, que ya temo que pueda la gente
oír tales versos sin dar aullidos,
tirando los bancos por mal admitidos.

Mena   Atiende y no hables, bufón imprudente.

Rey   Mucho estimo conoceros
que muy inclinado soy
a los versos, y desde hoy
por maestro he de teneros,
    pues sois castellano Apolo.
Aunque yo en tan corta edad
versos hago.

Mena   Y calidad
das a las musas tú solo.
    Mas no eres el Rey primero
que escribe versos, señor.

Rey   A las mudanzas de amor
leerte unos versos quiero.
    Oye.

Pablillos   Mis arbitrios santos
son esta vez para vos.
Versos leéis. ¡Vive Dios!
Que paguéis con otros tantos.

(Saque un papel y lee el Rey.)

Rey   «Amor, amor, no pensé

que tuvieras tal poder
que pudieras deshacer
la firmeza de una fe
hasta agora que lo sé.
   Es tu fuerza sin igual
pues lleva tu inclinación,
para en pena de su mal,
al más fuerte corazón,
rendido a tu tribunal.
   Ya en tus cárceles se ve
un alma libre hasta aquí.
Nunca la fuerza creí
del poder que en ti miré
hasta agora que lo sé.»

Mena
   Descubren con bizarría
gracias y afectos extraños.

Pablillos
¿Ven esto? De aquí a cien años,
habrá quien de ellos se ría.

Mena
En mi libro los pondré.

Rey
Y en mi nombre.

Mena
                    Dasme honores.

Rey
Y sepan mis sucesores
que las letras estimé.
   ¿No eres, Álvaro inclinado
a los versos?

Álvaro
                    Mucho a oírlos
y estimarlos, no escribirlos.

Mi inclinación me ha llevado
a las armas y a justar
y si vuestra alteza gusta,
mantener pienso una justa
cuando comience a Reinar.

Mena

Y yo he venido a escribir
la real coronación.

Pablillos

Oiga, pues, una cuestión
que se tiene de decir
    en los siglos venideros.
Juan de Mena, a su pesar,
conmigo quiere trobar
apostando, y no dineros.
    Vuestra majestad me ahorque
de aquella más alta almena
si el poeta Juan de Mena
diere consonante a alcorque.

Mena

Vuestra majestad le ahorque
por no quebrantar la ley,
pues en la huerta del Rey
hay quien los cardos aporque.

Rey

¿Veslo?

Pablillos

¡Ay, qué mal! ¡Aporque!
Mal consonante. A ese modo
consonante será todo:
albacorque, y alconorque.
    ¡Toquilimboque!

Rey

Venid

	a verme.

Mena
                    Tu esclavo soy.

Pablillos
                  Y entre tanto, Mena, os doy
con los dos cofres del Cid.

(Vase Mena.)

Álvaro
                    Dale, señor, por tu vida
alguna cosa.

Rey
                          Después,
cuando reine.

Álvaro
                            Luego es
cualquier cosa recibida
    del pobre con mayor gozo.
Dale esta cadena mía.

Rey
                  Álvaro, tal bizarría
no se vio en hombre tan mozo.
    Llámale, algún día podré
pagártela.

Pablillos
                          ¡Ah, Juan de Mena!
El Rey os pone en cadena
pero no será en el pie.

(Sale Mena.)

Mena
                  ¿Qué manda tu majestad?

Pablillos
                  No es manda que es de contado.

Rey	No os vais sin haber llevado alguna cosa. Tomad.
Mena	Beso tus pies.

(Vase Mena.)

Rey	Bien habemos divertídonos.
Álvaro	Entiendo, señor, que va anocheciendo y que ya salir podemos.
Rey	Sin que Ruy López nos vea, porque es mi ayo en efeto.
Álvaro	Sí, señor, y ese conceto es muy digno de su alteza.

(Vanse y salen a la ventana doña Elvira e Inés, criada.)

Elvira	Ya que en esta galería corren los vientos templados, y está con nuevos cuidados de mi amor el alma mía, del fresco quiero gozar esta noche. Inés.
Inés	¿Señora?
Elvira	Si me quieres bien, agora podrás un rato cantar.

Inés	¿Aquí, señora? ¿No ves que se juntarán despacio los galanes de palacio a escuchar?
Elvira	No importa, Inés.
Inés	Pues, ¿dirásme una verdad?
Elvira	Sí, diré.
Inés	¿Sírvete alguno?
Elvira	Inés, no; si bien hay uno que me muestra voluntad.
Inés	¿Correspóndesle?
Elvira	En mi vida le hablé palabra ninguna.
Inés	¿Es don Álvaro de Luna?
Elvira	El mismo.
Inés	¡Qué conocida tengo yo tu inclinación!
Elvira	Pues, ¿en qué lo conociste?
Inés	En que tú sola advertiste en palacio su ocasión.

(Sale Pablillos de ronda.)

Pablillos
        Gente hay en la galería
si el oído no me engaña.
Señor soy de la campaña,
la tierra esta noche es mía.
    A mí me pudre el mirar
lo que llaman galanteo.
Ahora bien, yo me paseo;
el terrero he de ocupar.
    No ha de haber ánima en pena
que llegue esta noche aquí
viéndome ocupar a mí
el puesto. Música suena.

(Canta Inés.)

Inés
        «Manzanares, de buen gusto
son, aunque pobres, tus aguas,
pues por llegar a Madrid,
de la sierra se desatan.»

(Sale a la ventana la Infanta.)

Infanta
        ¿Música dan y sin mí?

Inés
Su alteza viene.

Infanta
                No vengo
a estorbaros, porque tengo
gusto también. Inés, di.

(Canta.)

Inés

«No dan blasón a los ríos
grandes corrientes de plata,
arroyos recibe el mar
con más aplauso y más fama.»

(Sale el Infante y un Criado.)

Infante

Como es la noche serena,
damas a las rejas hay
y al golfo de amor me trae
la voz de aquella sirena.

(Salen el Rey y don Álvaro.)

Álvaro

Pienso que canta una dama.

Rey

¿No fuera lícito aquí?

Álvaro

¿Es de la cámara?

Rey

Sí;
Inés de Torres se llama.
Ella sirve de criada
de doña Elvira [...-ida]
Escuchemos, por mi vida,
su voz dulce y regalada.

(Canta.)

Inés

«Basta que bese los pies
a los Césares de España;
no envidien ondas del Tajo
cuando tributo le pagan.»

Pablillos (Aparte.)   (Duendes vienen; yo les doy
                           estorbo, cuidado y celos.)
                           Ha cantado de los cielos;
                           muy agradecido estoy.
                               Como muchas noches cante,
                           le serviré de escuchar.
                           Soy goloso de oír cantar.

Rey   ¿Quién habla?

Álvaro   Será el Infante.

Infante   Llega a ver si reconoces
                           quién es.

Criado   Difícil sería.

Pablillos   Cante más, vueseñoría,
                           que esa voz es voz de voces,
                               es un trueno celestial,
                           es un chillido excelente,
                           es la trompeta valiente
                           del gran juicio final,
                               pues los muertos resucita.
                           ¡Oh, bien haya gracia tanta!
                           ¡Oh, bien haya quien lo canta!
                           ¡Oh, bien haya quien lo grita!

Inés   Uno con voz lisonjera
                           gracias da de haberme oído.

Elvira   Curiosidad habrá sido.
(Aparte.)   (¡Oh, si don Álvaro fuera!)
                               Pregúntale tú quién es.

(Aparte.)	(Amor, detén tu violencia.)
Inés	¿Dame tu alteza licencia?
Infanta	Licencia te doy, Inés.
Inés	¿Quién es el agradecido?
Pablillos	Si lo soy desde la cuna, soy don Álvaro de Luna. (Solo esta vez he mentido, ...y otras mil.)
Criado	¿Oyes, señor? Don Álvaro dice que es.
Infante	Huélgome mucho; hable, pues, que el tercero de mi amor por medio de doña Elvira intenta ser; aguardemos.
Elvira	Prosigue, Inés, y sabremos si es discreto o si es mentira lo que dicen de él.
Pablillos	Señora, ¿fue Tapaboca mi nombre? ¿Es acaso hablar a un hombre buey de hurto? No habrá agora quien os riña, mamá o taita.
Inés	¿Qué música fue más buena para vos?

Pablillos	La que más suena:
	un órgano, una gaita
	y el gruñido de un cochino
	cuando le quieren matar
	porque está cerca de dar
	añagazas para el vino.
Elvira	O se burla o está loco
	quien habla.
Pablillos	Mi inclinación
	es de justar, lanzas son
	los instrumentos que toco.
	Mantener pienso una justa
	cuando mi Rey se corone;
	toda dama me perdone,
	que de la color que gusta
	cada cual he de vestirme.
Inés	Saldréis de muchas colores.
Pablillos	Saldré en mi traje.
Rey	En amores
	anda el Infante muy firme.
Álvaro	¿Y tenemos de aguardar
	a que acabe?
Rey	Hasta saber
	quién le habla.
Inés	El mantener
	una justa es singular

	acción y dificultosa
	para mozos.
Pablillos	¡Lindo aliño!
	Aunque soy algo lampiño
	tengo yo la edad añosa.
	¿Venme con aquesta cara
	tan rasa y fea? A fe mía,
	que en la gran carnicería
	de los Infantes de Lara
	me hallé yo; y en Aragón
	mantuve en el mes de abril
	un torneo contra mil.
	¿Mil he dicho? Pocos son;
	y de todos ellos, solos
	en pie me quedaron dos.
	Birlábalos, ¡vive Dios!,
	con mi lanza como bolos.
	Uno salió muy galán,
	sin botas y con espuelas,
	vestido todo de telas
	de cedazo de Milán.
	Su invención era una arpía
	que en su garra sucia y fea
	se llevaba a Galatea.
Inés	¿Y la letra?
Pablillos	Así decía:
	«Polifemo tenía un ojo;
	vos, señora, tenéis dos.
	No sois Polifemo vos
	aunque ya de un pie sois cojo.»
	Otro sacó, a lo que entiendo,

la humana naturaleza
con un mote en la cabeza.
Médicos la iban siguiendo.
  Era el mote: «Intento es mío
que crezca el género humano
y éstos me van a la mano,
pues matan más que yo crío».
  Otro...

Inés   Etcétera es mejor
porque mil irán cansando.

Criado   De justas están tratando.

Infante   ¡Ah, necio! Trate de amor.

Elvira   Apenas ha renovado
Amor sus líneas en mí
cuando el desengaño vi
que todas las ha borrado.
  Iba creciendo por puntos,
pero ya es fuerza morir
oyendo a un hombre decir
tantos disparates juntos.

(Vase Elvira.)

Álvaro   Pienso que no es el Infante.

Rey   ¿Quién será?

Álvaro   Pablillos es,
no me engaño.

Rey	Pague pues,
	la burla de hacerse amante.
Álvaro	¡Loco! ¿Qué estás bobeando?
Rey	¡Ah, necio! ¿Qué estás diciendo?

(Péganle.)

Pablillos	De esos nombres no me ofendo
	cuando estoy galanteando;
	y agradézcanme...
Álvaro	¿Qué, loco?
Pablillos	Que he conocido quién son.
Rey	Si está la Infanta al balcón,
	don Álvaro, espera un poco.
Criado	Otros llegan.
Infante	¡Qué rigor!
Rey	Bien la música asegura
	que vuestra alteza procura
	hacer cielo el mirador.
Infanta	¿Y quién tiene ese cuidado?
Rey	El Infante de Aragón.
Infante	¿Oíste aquella razón?

Criado	A vuestra alteza han nombrado.

Infanta

    El Infante se podía
quietar ya con más razones,
pues que son sus pretensiones
para tratadas de día.
    No con armas ni denuedo
mi inclinación vencerá;
que es mi condición, dirá,
muy fuerte. Yo lo concedo;
    pero ser de otra manera
me pesara, porque estoy
contenta de ver que soy
poco afable.

(Vase la Infanta.)

Rey

                Escucha, espera.

Infante

    ¡Válgate Dios por mujer!
Si entro armado de Aragón
en Castilla, agravios son;
si en servir y pretender
    me humillo, también te ofendes.
¡Vive Dios!, que he de inquietar
a Castilla hasta alcanzar
la deidad que me defiendes.

(Vase el Infante.)

Rey

    Enojada fue mi hermana.

Álvaro

    Cánsale el atrevimiento
del Infante.

Rey   Andar intento
     hasta que de la mañana
     la luz nos vea.

(Sale Ruy López con rodela.)

Ruy   Rey mío,
     cuando tenga voluntad
     de salir tu majestad,
     aún no he perdido yo el brío
      de galán y de soldado;
     avíseme, pues procuro
     su gusto; irá más seguro
     llevándome a mí a su lado.

Rey   Con calor ha entrado mayo
     y el fresco salí a gozar;
     ¿siempre me habéis de buscar?
     Cansada cosa es un ayo.

Ruy   No, señor, como ayo no;
     como vasallo y criado
     te busco, que mi cuidado
     a esta esfera se extendió.
      Pero ya que es tarde agora,
     suplico que te recojas,
     porque ya sabes que enojas
     a la Reina, mi señora.

Rey   Ruy López, yo lo haré.

(Vase el Rey.)

Ruy	¡Ah, don Álvaro! Esperad,
	que en vos a su majestad
	la salida reñiré.
	Sin vos el Rey no salía;
	sale por salir los dos.
	Por sí miraba sin vos;
	tal es vuestra compañía.
	La salud y autoridad
	andando de noche pierde,
	y es menester que se acuerde
	de las dos su majestad.
	Y así aunque vos no sois viejo,
	sois hombre ya de razón,
	y tenéis obligación
	de darle el mejor consejo.
	Nieto de ilustres abuelos
	nacisteis. ¿Quién os iguala?
	Norabuena o noramala,
	no causéis estos desvelos.
	Al Rey seguir e imitar
	es bien a vuestro linaje;
	que aunque ya barbáis, sois paje
	que os mandaré castigar.

(Vase Ruy López.)

Álvaro	Cuando tal oigo decir,
	¿tengo yo mudos mis labios?
	Del Rey son estos agravios;
	con él los pienso sufrir.

(Sale el Rey.)

| Rey | Álvaro, ¿qué es esto? |

Álvaro	Enojos de Ruy López. Me ha reñido. Porque de noche has salido hame quebrado los ojos con tres injurias aquí.
Rey	¿Cuántas fueron?
Álvaro	Cinco o seis.
Rey	Tantos estados tendréis como sufristeis por mí baldones de condestable; que he de ser agradecido, pues con vos, Álvaro, ha sido mi voluntad tan notable.
Álvaro	Hacerme de nuevo puedes, y si yo ambicioso fuera, más agravios pretendiera habiendo de ser mercedes.

(Sale Juan García.)

García (Aparte.)	(Perdone si soy tirano, el condestable imprudente, pues me dijo claramente que soy un hombre villano.) ¿Es vuestra alteza?
Rey	¿Quién es?
García	Criado del condestable.

Permitid, señor, que os hable.

Rey   Levantad.

García   Beso tus pies.
A la Reina, mi señora,
di cuenta de una traición
y he sentido obligación
de darla a mi Rey agora.
    El condestable ha enviado...

Rey   Mirad bien lo que decís.

García   ...Una carta a su hijo Luis,
que es de Murcia Adelantado,
    un correo en que le manda
que al Rey de Granada entregue
a Lorca, y antes que llegue
con esta injusta demanda,
    vendrá a Madrid el correo,
porque ya han ido por él.

Rey   Vedme después.

García (Aparte.)   (Muy cruel
ando en esto; ya lo veo.
    Ciego me traen mis antojos.)

(Vase García.)

Rey   Pues veré las cartas presto;
suspendo el crédito en esto.

(Sale Ruy López.)

Ruy	No hace provecho a los ojos, mi Rey, aqueste sereno.

Rey	Si a los ojos hace mal,
	no a la majestad real
	con que traiciones condeno;
	de éstas está el pecho lleno
	de un hombre, que habiendo sido
	tan leal, ha pretendido
	a la vejez desdorar
	su buena fama y mostrar
	que es traidor y mal nacido.
	   ¿De qué sirven los blasones
	que en la guerra habéis ganado,
	si tan mala cuenta han dado
	vuestras locas ambiciones?
	De las aleves traiciones
	que en vos descubro esta vez
	testigo soy y soy juez.
	¿No fuera mucho mejor
	morir mozo, que el honor
	ultrajar a la vejez?
	   Gracias a la noche doy
	por los bienes que me ha hecho,
	por ella, de vuestro pecho,
	conocí la maldad hoy.
	Agora sí que Rey soy,
	pues conozco la engañosa
	fe que en vuestra alma reposa,
	traición que el pecho os abrasa.
	No salgáis de vuestra casa
	hasta que os mande otra cosa.

Ruy	Mudo obedezco, señor, que no quiero disputar si me los podéis mandar siendo yo gobernador. Déme Dios, déme un dolor tan excesivo y tan fuerte que no se acabe, y de suerte se atormenten mis sentidos, que en ellos estén vencidos los asombros de la muerte.

(Vase Ruy López.)

Álvaro	Turbar hacen tus enojos, como alientan tus mercedes. Topando por las paredes va Ruy López; a los ojos les falta luz.
Rey	Los despojos son que la traición ha dado; que siempre turba el pecado y así no es mucho que ciegue el que a tal bajeza llegue.
Álvaro	Sucesos son de envidiado. Él no ha hecho acción liviana; pienso que has de arrepentirte.
Rey	Álvaro.
Álvaro	¿Señor?
Rey	Ceñirte

quiero la espada mañana;
darte ha la espuela mi hermana.

Álvaro   Beso tus pies.

Rey   Gentilhombre
de mi cámara se nombre
ya don Álvaro de Luna
que de su grande fortuna
quiero que el mundo se asombre.

(Vanse y sale Ruy López.)

Ruy   ¡Hola! Criados. García.
¿Aún no hay luces en mi cuarto?
Sombras y figuras son
de las desdichas que paso.
Reventando estoy, ¿qué es esto?
Etnas en el alma traigo;
y aun mi vestido me cansa.
Mas, ¡Qué mucho si me abraso!
¿Palabras de un niño Rey
pesan tanto, pueden tanto,
que mi valor atropellan?
¿Fueron palabras o rayos?
¿Yo sin honra, yo traidor,
y yo mala cuenta he dado
de mi honor a la vejez
¿Cómo, o por qué? ¿Dónde o cuándo?
¡Ah, cielos! ¿Este rigor
me guardáis? Así diez años
antes yo me hubiera muerto,
dichoso fuera y honrado.
¡Qué siendo amable la vida,

a mí solo me haga daño!
¿Qué mucho, si era forzoso
que naciese desdichado?

(Salen el Rey y don Álvaro.)

Álvaro   Voces da sin luz y a oscuras.

Rey   No parece gente; oigamos.

Ruy   Niño Rey, ¿eres gigante?
                ¿Cómo de ti está temblando
                quien ejércitos de moros
                venció en andaluces campos?
                ¡Ah, Fortuna! ¿DE qué sirve
                que en estos siglos pasados
                me dieses honra y riquezas,
                si de un golpe me has quitado
                el honor a la vejez,
                cuando suelen los ancianos
                tener ya su honor seguro
                y vencidos los naufragios
                de la juventud ociosa?
                Bien dicen que el hombre es árbol.
                Hojas y flores produce;
                sus bellezas son los ramos,
                sus riquezas son las flores,
                compitiendo con los rayos
                del Sol y los arreboles
                de las nubes del ocaso
                en colores y hermosura.
                Sopla el cierzo, sopla el austro,
                y antes de llegar el fruto
                pimpollos verdes y blancos

derriban en la campaña
verdes blasones de mayo.
¡Ay, honor! ¡Ay, vejez mía!
¡Ay, hijos ausentes, tanto
que ya verme no podréis!
Líneas de la muerte paso.
Rey de Castilla, yo llego
al tribunal recto y santo
de tu justicia. ¿Por qué
me has hecho tales agravios
que traidor me llamas? Yo
honrosos timbres he dado
a las armas de Castilla
con esta espada, este brazo;
seis batallas he vencido
y serví treinta y dos años
a tu padre y a tu abuelo.
Con amor de padre y ayo
te crié, tu bien deseo.
¿En qué te ofendo? ¿Qué hago?
«Ruy López, a mí me han dicho
que sois traidor, y me espanto
que deis vos tan mala cuenta.»
Rey mío, mirad que engaños
padece el hombre, y la envidia
a veces suele causarlos.
«Ya, Ruy López, he creído
lo que me han dicho, y no hallo
disculpa a vuestro errores.
Estad preso, retiraos.»
Pues apelo al tribunal
de Dios, que es Rey soberano.
Señor, yo vengo a juicio;
leal soy al castellano

monarca. Bien lo sabéis.
¿Por qué sufro este trabajo?
«Ruy López...» Señor, ya tiemblo,
Rey eterno, de escucharos.
«Ojalá hubieras servido
a mi madre y a mis santos
como al Rey. Tú fueras bueno,
como el mundo te ha llamado.»
Señor, si los corazones
veis vos solo, y los humanos
reyes no los pueden ver,
solo a vos, Rey justo y santo,
servir debemos los hombres.

Álvaro   Lástima da el escucharlo.

Rey   Pienso que no tiene culpa.

Álvaro   Gente baja con luz.

Rey   Vamos.

(Vanse el Rey y don Álvaro.)

Ruy   ¿Con quién me consolaré,
sin mis hijos? ¡Ah, criados!
¡Ah, Juan García! ¡Ah, hijo mío,
contigo solo descanso!
¿Dónde estás que me consueles?

(Sale Herrera con luz.)

Herrera   Señor, esta luz te traigo,
con recelo de enojarte,

triste de haberte escuchado.
Si yo fuera tan dichoso
que, como prudente y sabio,
te sirviera y agradara,
me echara a tus pies, rogando
que me dijeras qué tienes.

Ruy   Herrera, desdichas paso.
García, quizá, por verte,
a consolarme no ha entrado.
Vete allá fuera. ¡García!
(Vase Herrera.)   Hijo, mira que te llamo.
El ánimo desfallece,
¿cómo y por qué me desmayo?
Tengamos valor, conciencia,
pues que seguros estamos.
Mas, ¿qué valor puede haber,
si en la honra me ha tocado
un Rey de España? ¡Ah, García,
hijo, mira que te llamo!

Fin de la segunda jornada

Jornada tercera

(Salen Herrera y otro.)

Herrera   Pues llegas a Madrid hoy, de Sevilla,
escucha, Garcerán, las novedades
de este imperio español y de esta villa,
metrópoli y dosel de majestades.
Del segundo don Juan, Rey de Castilla,
que del Fénix alcance las edades,
ayer se coronó la heroica frente,
ya sea con los rayos del oriente.
   Quererte yo decir la diferencia
famosa de aparato, gente y galas,
sin retórica griega ni elocuencia,
era pedir a Dédalo sus alas.
Excedió la católica prudencia
las fábulas de Júpiter y Palas,
y la historia de espanto y gloria llena,
en metro está escribiendo Juan de Mena.
   Ruy López no lo vio, mi ilustre dueño;
en su casa le tienen retirado,
asombro de Castilla y no pequeño;
mas, ¿qué ilustre varón no es envidiado?
Aquel valor altivo y zahareño
con que estuvo este reino alborotado
del Infante ha cesado y preso viene;
que la soberbia humana este fin tiene.
   Ese concurso popular que miras,
ese tropel confuso de la gente,
que en esa plaza ves y mudo admiras,
una justa es real y acción valiente.
¡Ah, aragonés bizarro! En ella aspiras
a eternizar tu nombre eternamente.

	Mantiénela don Álvaro de Luna,
	mancebo a quien aplaude la Fortuna.
(Dentro ruido.)	Mas, ¿qué rumor es éste tan violento?
	Alguna novedad ha sucedido.
	El Rey desciende aprisa de su asiento.
	Don Álvaro cayó. ¿Si estará herido?
	Con lástima común y sentimiento
	el pueblo se alteró, que es bien querido.
	Con lágrimas el Rey a verle sale.
	¡Oh, cuánto la virtud de un hombre vale!

(Sacan a don Álvaro desmayado entre dos. El Rey, Pablillos y gente desarmándole.)

Rey   ¿Está muerto?

Pablillos   No, señor.

Rey   Buenas albricias te mando;
idle las armas quitando,
no le atormente el calor.
    Don Álvaro, vuelve en ti;
advierte que esa caída,
si da peligro a tu vida,
me ha de dar la muerte a mí.
    Nunca yo me coronara
si me había de costar
tal disgusto, tal pesar;
nunca yo a ser Rey llegara,
    pues no hay reino, no hay blasón
mayor al que quiere bien
que estar gozando de quien
es dueño de su afición.
    Si con mi pena te obligo,

esta afición galardona,
que no quiero la corona
si he de perder tal amigo.

Pablillos   Alguna vieja bellaca
de mal ojo le miró.
¿Por qué a aquélla que llegó
a cuarenta no se saca
los ojos por no matar?
Si yo algún poder tuviera,
cuervo de las viejas fuera,
y aprendieran a rezar.
¡Viejas, ni vivan ni beban!

Rey   Sus pulsos sin fuerza están.
¡Ah, señor de Montalbán!
¡Ah, marqués de Santiesteban!
¡Ah, duque de Atienza! ¡Ah, conde
famoso de Santorcaz!
¿Oís, duque de Gormaz?
Muerto está, pues no responde.

Pablillos   Si es discreto y socarrón,
aunque oiga, ha de estar callando,
porque le vayas llamando
con más títulos, que son
pistos de sazón gustosa
que le volverán la vida.
Yo vi estar amortecida
una dama melindrosa
porque comprado no había
cierto coche su marido;
y él, llegándose al oído,
salmos en vano decía.

Quité al marido de allí
más triste que oscura noche;
llegué y dije: «coche, coche».
Al momento volvió en sí.

Rey   ¡Amigo, amigo!

Álvaro   Señor,
¿con ese nombre queréis
darme vida?

Pablillos   Ojos, ¿qué veis?
¿Ésta es lástima o amor?

Rey   Castigo debió de ser
que inobedientes contrasta;
pues diciéndote yo «Basta»,
volver quisiste a correr.

Álvaro   Ejemplo fue mi caída
de que, aun en burlas, es ley
que la palabra del Rey
sea siempre obedecida.
    Si la vida o muerte das
con mandarlo de esta suerte,
yo aprenderé a obedecerte
sin replicarte jamás.

Rey   Sángrese agora que empieza
a alentar con prisa tanta.

Pablillos   Su mucha afición me espanta.

Álvaro   Los pies beso a vuestra alteza.

80

(Vase don Álvaro.)

Pablillos   Luego bien dice a ese intento
                     un doctor moderno que hay
                     que en soñando uno que cae
                     ha de sangrarse al momento.

(Sale un Criado.)

Criado   Un alcalde quiere ver
                     a tu majestad.

Pablillos   ¿Alcalde?
                     No ha venido acá de balde.
                     Huid, que os querrá prender.

(Sale un Alcalde.)

Rey   Entre y despejad.

Pablillos   Despejo
                     y entre.

Alcalde   Como me mandaste,
                     tengo, señor secrestados
                     los bienes del condestable.
                     Ya trajeron el correo,
                     porque le alcanzaron antes
                     que entrase en Murcia. Estas cartas
                     son los despachos y el parte
                     que llevó.

Rey   ¡Válgame Dios!

¡Con qué temores las abre
la mano, que ya en el pecho
mil temores me reparte!
Carta, si no eres leal,
flecha serás penetrante,
tocada en yerba cruel,
que el corazón me traspase.
Mas, ¿cómo es posible, cielos,
que en aquellas canas falte
la generosa lealtad,
timbre de su ilustre sangre?
Temerosamente leo.
¡Plega al cielo que no halle
en vez de tinta veneno,
y en vez de letras un áspid!

Alcalde (Aparte.)   (Piadoso se muestra el Rey;
Dios muchos años le guarde.
¡Qué tristemente las lee!
Miedo me ha dado el mirarle.)

Rey   Esto es hecho. ¡Ah, Dios, pluguiera
que palabras semejantes
leer no hubiera podido!
¿Hay mayor traición? Alcalde...

Alcalde   ¿Señor?

Rey   Para hacer justicia
os doy mi poder bastante.
Toma estas cartas y haced
lo que importa a casos tales.
Id luego a reconocer
la casa del condestable;

	ponedle guardas en ella.
Alcalde	¿Y el correo?
Rey	¿Ése? Soltadle que sin duda está inocente; que si llevaba el mensaje sin saber a lo que iba, ¿qué culpa tiene?

(Vase el Alcalde.)   ¿Ah, mudable
Ruy López, que a tu vejez
tales afrentas buscaste?

(Sale don Álvaro con banda.)

Álvaro	Señor, a pedir me envía en su prisión el Infante que le vea y que te pida licencia.
Rey	¿Ya te sangraste?
Álvaro	Sí, señor.
Rey	¿Cómo te sientes?
Álvaro	Mejor.
Rey	Visítale.
Álvaro	Dasme mil favores. Tus pies beso. Pero, señor, tu semblante muestra tristeza. ¿Qué tienes?

83

Rey	Álvaro, que son verdades las sospechas de Ruy López.
Álvaro	Señor, envidiosos hacen, tal vez, aparentes culpas. ¡Cuántos pequeños y grandes han padecido sin culpa! ¿Aquellas canas y sangre tan ilustres, aquel hombre que a tu abuelo y a tu padre sirvió tanto, puede ser traidor?
Rey	Su verdad le ampare.

(Vase el Rey.)

Álvaro	Corazón, temamos esto; sírvanos de ejemplo grave la desdicha de Ruy López. Mas el mismo condestable: «Obrar bien es lo que importe» dijo una vez; semejante es mi parecer. Fortuna, o ya firme o ya inconstante, obremos bien y subamos. Yo he de poner de mi parte obrar bien; tú, de la tuya, haz aquello que gustares.

(Vase don Álvaro. Salen Ruy López y García.)

Ruy	Si mi descanso deseas,

al paso que te he querido,
¿es bien que estando afligido
ni me hables ni me veas?
 Si con la ausencia me aflijo
de mis hijos, ¿cómo así,
viéndolos todos en ti,
que amor te ha hecho mi hijo,
 te has retirado de verme?
Ya sé que pena te doy
en el estado en que estoy;
bien sé que tu amor no duerme,
 que mi mal le ha despertado;
pero en el varón constante
no ha de mostrar el semblante
la fatiga ni el cuidado.
 Ten paciencia y, pues que sabes
mi inocencia y mi verdad,
no te admire la crueldad
porque en los sucesos graves
 se ve el ánimo leal.
Mira, Juan, lo que te estimo,
que yo soy el que te animo
a que no sientas mi mal.
 Mas, ¿qué mucho, si lo sientes
más que yo, que yo te anime
y que tu presencia estime?
¡Ea, rapaz! No te ausentes
 ni te alejes más de aquí;
que el verte me ha consolado
y teniéndote a mi lado
lluevan desdichas en mí.

García   ¿Un villano te consuela
                  y es tu hijo?

Ruy	Calla, necio.
	No fue el decirle desprecio
	de tu honrada parentela;
	que espero en Dios que has de ser
	cabeza de un gran linaje
	como la envidia no ultraje
	mi verdad y mi poder.
García	¿Y puede vivir con gozo
	quien ve así a vueseñoría?
Ruy	Sí, mañana es otro día.
(Aparte.)	(¡Lo que me quiere este mozo!)
	Cuando mis bienes, hoy males,
	secrestaron, escondí
	cierto cofrecillo allí.
	Tráela acá y dará señales
	y muestras mi grande amor
	de la afición que te debo;
	aunque contigo no es nuevo
	ser liberal tu señor.

(Saca García un cofrecillo.)

Toma esta joya, García;
quizá será la postrera
que he de darte. ¡Ay, si la viera
mi hija doña María
no la olvidara jamás!
Estímale tú, y así
culpa a los hados, no a mí,
si ya no te diere más.

García	Mi señor, merced es ésa que agradezco. Excede y pasa...

(Sale un Criado.)

Criado	Un alcalde ha entrado en casa.
Ruy	Vuélvele a esconder aprisa.

(Esconde el cofrecillo y sale el Alcalde.)

Alcalde	Dios guarde a vueseñoría.
Ruy	Señor Alcalde, en buen hora a esta casa venga.
García (Aparte.)	(Agora ha de conocer que es mía la causa de su prisión. Retirarme me conviene, que, aunque viejo, valor tiene y le ayuda la razón.)
Alcalde	Dejadnos solos.
García	Sí, haré.

(Vase García.)

Alcalde	Vueseñoría dé licencia para cierta diligencia.
Ruy	No es menester que la dé; ya la dio el Rey, mi señor,

dueño feliz de Castilla.

(Quiere el Alcalde sentarse en la silla del Rey.)

Señor Alcalde, esa silla
es una silla de honor;
  mi casa la reservó;
no la vuelva ni use de ella.
Reyes se han sentado en ella,
pero ricos hombres no,
  cuanto y más hidalgos. Hola,
traed en que esté sentado
aquí el señor licenciado.

Alcalde (Aparte.)   (La vanidad española
  murmuran los extranjeros.
¡En qué puntos se entremete!)

(Sale un Criado con un taburete.)

Criado   Aquí está ya un taburete.

Alcalde   Ministros y caballeros
  estimados han de ser.
De un modo y sin excepción
padres de la patria son.
Señor condestable, ayer
  érades, por hado incierto,
gobernador de Castilla,
ni a mí me dábades silla
ni yo os hablaba cubierto.
  Trocó Fortuna esta vez
el viento, como mudable;
ya soy más que condestable

pues que soy vuestro juez.
La diferencia de asiento
no es justa; otro mando es hoy.
No soy alcalde, Rey soy,
pues su poder represento.

Ruy   Tanto respeto ese nombre
que me confieso rendido.
Mucha razón ha tenido;
que el que es justicia no es hombre
  como los demás. Rey es
o imagen suya, y así
quita ese asiento de ahí
que ya quiero que le des
  aquella silla, y concluya,
pues sus acciones son leyes;
a donde se sientan reyes,
siéntase la imagen suya.

Alcalde La prudencia y cortesía
son, sin poderse encubrir,
diamantes que han de lucir.
Dígame vueseñoría,
  ¿qué enemigos tiene?

Ruy   ¿Yo?
Ningunos puedo tener,
porque jamás mi poder
a los ricos se atrevió,
  ni a los pobres; pues, ¿a quién?
Siempre recto, siempre igual,
a los unos ni hice mal
y a los otros hice bien.
  Que el hombre de bien, el día

que agradando al enemigo
le ganó para su amigo,
hizo rica granjería.
    El ejemplo en Dios se ve;
fiesta manda hacer mayor
cuando gana a un pecador
que antes su enemigo fue.

Alcalde
    No conocerla podría
dañar en esta ocasión.
¿Cuyas estas firmas son?

Ruy
    Una y otra es firma mía.

Alcalde
    Reconozca bien.

Ruy
                        No crea
que las tengo de negar
volviéndolas a mirar;
ambas son mis firmas.

Alcalde
                                Lea.

(Lee.)

Ruy
    «Hijo don Luis. Luego que viéredes
ésta, entregad la ciudad de Lorca al Rey
de Granada. Hacedlo luego y sea de suerte
que se entienda que se perdió acaso y no
la entregasteis.»

    ¡Válgame Dios! ¿Cómo acierto
a decir tales razones,
y leyendo estos renglones

en piedra no me convierto?
¿Cómo no me caigo muerto
mirando visión tan fea?
¡Qué haya un hombre que esto lea
y qué pueda estar así!
¡Qué me llamen «bueno» a mí
y vivo esta casta vea!
　　Ruy López, ¿con el veneno
de estas razones vivís?
Mentís, Ruy López, mentís.
No sois Ávalos ni el Bueno.
¿Para cuándo guarda un trueno
con un relámpago fuerte
el vapor que se convierte
en nube, Luna de mayo?
¿Para cuándo guarda un rayo...?
¡Agora, agora la muerte!

(Lee la otra.)　　　　「«Poderoso Rey de Granada, para cumplir
con vuestra majestad, he escrito al adelantado
de Murcia, mi hijo, que os entregue a Lorca.
Harálo al punto, y cumpla vuestra majestad lo
que ha prometido.»

　　Si saber no puede otro mal
tan espantoso y tan fiero,
y con este mal no muero,
debo de ser inmortal.
¿Qué demonio escribió tal?
Acción fue de Juan García.
¿Cómo, si la culpa es mía?
A Cristo parezco yo,
que siendo Dios, le vendió
el que en su plato comía.

¿Cómo no es mi corazón
vengativo ni cruel?
Más me ha pesado por él
que por mí de su traición.
Éstas las fábulas son
del villano que vio helado
el áspid, y le ha abrigado
para su mal en el pecho.
Aspid fue, lo mismo ha hecho;
áspid fue, mas no pisado.
    Muévate tanto dolor,
García, di la verdad;
pero, ¿cuándo hubo piedad
en el pecho de un traidor?
¿Así se paga un amor?
¡Ah, cielos! Tomad ahí
cartas que yo no escribí,
cartas que yo he de llorar,
cartas que me han de costar
la vida y honra. ¡Ay de mí!

Alcalde   Cuando entraba, vi esconder
mesa y escritorio allí.
Perdonad, señor, que así
mi oficio debe ejercer.
Sus joyas deben de ser.

(Vase el Alcalde.)

Ruy   ¿Cuándo hallará el alma mía
consuelo en tanta agonía?
Dentro de mí me he perdido.
García, ¿en qué te he ofendido?
¿Qué mal te he hecho, García?

¡Oh, quién al traidor cogiera
y la vida le acabara!
¡Oh, villano!
¿Esto dije? No lo hiciera;
que el azote a Dios quitara
de su mano.
No en balde fue mi enemigo.
Dios castiga mi pecado.
Instrumento
fue el traidor de mi castigo;
aplaque a Dios enojado
mi tormento.
Yo vine en mi juventud
con mi capa y con mi espada
a palacio;
diome dicha la virtud,
subí a gran señor de nada,
bien despacio.
Cuarenta años he vivido
con dicha y honra infinita,
y aunque aprisa,
de estas pompas he caído
si Dios las da y Dios las quita,
no me pesa.
Al ataúd y a la cuna
una misma forma dimos.
Nuestra muerte
fue línea de la Fortuna.
¡Qué mucho! Todos nacimos
de una suerte.

(Sale Herrera.)

Herrera   Aunque no quieras, señor,

he de arrojarme a tus pies;
perdone esta vez tu enojo
y mi respeto también.
Cuando a un hombre, como tú,
llegan señor, a prender,
bien fundada está la culpa,
bien informado está el Rey.
Bien sé que tu gran virtud
en Castilla un Fénix es;
bien sé que eres inculpable,
tu virtud y tu honor sé;
mas si envidiosos han hecho
que zozobre tu bajel
en las Indias de palacio,
salvar las vidas es bien.
Huye, que el Rey de Aragón
dará amparo a tu vejez;
tu inocencia será Sol,
nubes deshará después.

Ruy

Herrera, ¿tal me aconsejas?
Pues si yo me ausento, ¿quién
volverá por mi honra?

Herrera

                              Yo,
que tu esclavo pienso ser.
Mi hacienda vendí, señor,
cuando secrestar miré
la tuya. Diez mil escudos
tengo agora en mi poder
en una cama escondidos;
lleva para ti los seis
a Aragón; y yo adelante
con los cuatro pleitaré

	hasta defender tu honra, y Castilla ha de saber que Ruy López es leal.
Ruy	Y que tú lo eres también. ¡Ay, hijo del alma mía! Ya conozco que pequé, no contra el Rey contra ti; pues a un villano cruel quise más.
Herrera	Un buen caballo, fuerte de manos y pies, te está aguardando; camina.
Ruy	¡Qué mal me puedo mover! Como no estoy enseñado a huir...
Herrera	Pues yo seré Eneas de un nuevo Anquises.
Ruy	¡Ah, doctísimo marqués de Villena! Bien dijiste. Los dos ejemplos se ven de traición y de lealtad. Páguete Dios tanto bien.

(Vanse y salen don Álvaro y el Rey.)

| Álvaro | Vi al Infante, y aunque espera
que venga el Rey de Aragón
a sacarle de prisión
con guerra o paz, no quisiera |

la libertad de ese modo;
solo servirte pretende.
De tu aliento y voz depende;
ya está arrepentido, y todo
se rinde a tu voluntad,
para que su dueño seas.
Señor, si quietud deseas,
cásele tu majestad.
Cásese ya, norabuena,
con la Infanta mi señora,
cuyo dote será agora
el estado de Villena.

Rey   ¿Qué rodea tu quimera?
Álvaro, ¿no has conocido
que es el Infante atrevido?
Y aunque casado, pudiera
sosegar de su valor
el ímpetu fervoroso,
siendo de la Infanta esposo,
temo que ha de ser peor.

Álvaro   No te quiero responder.
La mano te beso y callo;
la elocuencia del vasallo
es callar y obedecer.

(Sale Pablillos con un cofrecillo.)

Pablillos   ¿Qué joyas son las que tiene
un cofrecillo cerrado
que con él me habéis cargado?

Rey   ¿Viene la Infanta?

Pablillos	Ya viene.
Rey	Ruy López las recataba; sin duda que joyas son de estima.
Álvaro	¡Qué a tal varón Fortuna este fin guardara! ¿Has visto lo que hay en él?
Rey	Agora le romperán y lo veremos.
Álvaro	Ya están sus riquezas contra él.

(Salen la Infanta, doña Elvira e Inés.)

Infanta	Vengo con gran compasión. Pésame de haber sabido que el condestable se ha ido.
Rey	¿Dónde?
Infanta	Dicen que a Aragón.
Álvaro	¡Aquel viejo venerable culpado en esto se ve!
Rey	Si el condestable se fue, ¿quién será mi condestable?
Pablillos	Yo, señor.

Rey

Ya de un tirano,
que me quería vender,
libre me he venido a ver.
Ruy López, el castellano,
   que tal traición cometió,
por justo derecho y ley
en desgracia de su Rey
por sus delitos cayó.
   De sus estados y hacienda
le despojo; a otros se den
que los merezcan más bien;
y porque el dueño se entienda,
   don Álvaro solo hereda
lo que en este papel van.

(Dale un papel el Rey a don Álvaro. Lee.)

Álvaro

De don Álvaro serán
Arcos, Arjona, Maqueda,
   el aduana de Sevilla;
es conde, duque, y marqués
de estos tres estados, y es
condestable de Castilla.

Elvira

   Inés, darme el parabién
de estos estados bien puedes.

Álvaro

Los cielos a tus mercedes
agradecimientos den,
   y dente la edad suprema
de aquel ave generosa,
que plumas de nieve y rosa
en ascuas de mirra quema.

La que cuna y tumba hace
donde acaba y se eterniza,
pues gusano, ave y ceniza,
muere, espira, vive y nace.
    Pero, señor, yo no quiero
que las llamen ambiciones;
deja que gane blasones,
deja servirte primero.
    En la guerra peleando,
ya venciendo, y muriendo,
honras iré mereciendo,
mercedes iré ganando;
    porque no escriban de mí
apasionadas historias
que sin sangre y sin victorias
tus favores recibí.

Pablillos   Acepta, bárbaro, acepta;
que es mucha descortesía.

Elvira   ¡Oh, qué vana bizarría!

Infanta   Acción gallarda y discreta.

Rey   Ya que mercedes no quieres
sin que las ganes primero,
darte aquese gusto quiero,
pues todo lo que soy eres;
    que más fineza ha de ser
el desearte yo dar
que el pretender estorbar
tú mi largueza y poder.

Pablillos   Basta, señor, las que llamas

finezas y ésta rompamos.

Rey   Sí, abrir puedes, repartamos
las joyas entre las damas.
       Para mi hermana ha de ser
la que sacaremos antes.

(Abren el cofrecillo y sacan una disciplina.)

Pablillos   ¡Lindo ramal de diamantes!
¿Monja la queréis hacer?

Rey   Para doña Elvira quiero
una joya.

Pablillos   Y sea de fama.
(Saca un cilicio.)   ¡Lindo moño para dama
de palacio! Lisonjero
       es el señor cofrecillo.
¡Qué donosas bujerías
para estas señoras mías!
¡Caprichoso cabestrillo!
       Su nombre ilustre no pierda.
Portocarrero ha de ser;
¿por qué la queréis hacer
doña Elvira de la Cerda?

(Saca una mortaja.)

Rey   ¡Qué ésta es mortaja imagino!

Infanta   Joyas son éstas de nombre.

Rey   ¡Qué esto tuviese tal hombre!

Pablillos	Entierro de Saladino es este repartimiento de joyas.
Elvira	Todas son tales.
Rey	¿Qué son ésos?
(Lee.)	
Álvaro	«Memoriales de pobres.»
Rey	Lástima siento.
(Lee.)	«Cartas que el Rey me escribió cuando en la guerra asistía de Granada.» Letra es mía. Don Álvaro, ¿quién tal vio?
Álvaro	¿Pudo tener mal intento quien puso en esto cuidados?
(Lee el Rey.)	

Rey	«Memoriales de soldados.
	Mandas de mi testamento:
	  A mi hija doña María
	aquestas joyas le dejo
	porque le sirvan de espejo
	en que verse cada día.»
	  Estoy en llanto deshecho
	viendo caso tan extraño.

Don Álvaro, aquí hay engaño.

Álvaro   Ese secretario ha hecho
                      sin duda alguna traición,
                   y mal por bien ha pagado.

(Sale un Criado.)

Criado   Señor, en Castilla ha entrado
                   Alfonso, Rey de Aragón.
                     A librar su hermano viene
                   con armas y gente.

Rey   Vamos,
                   porque al paso le salgamos.
                   Sin mí este caso me tiene.

(Vanse y salen soldados y Alfonso, Rey de Aragón.)

Alfonso   Suenen cajas de guerra,
                   ya que pisamos enemiga tierra
                   y sepa el de Castilla
                   que Alfonso, el de Aragón, tiene cuchilla
                   cuyo luciente acero
                   al Africa venció y tembló primero.
                   El Infante, mi hermano,
                   saldrá de la prisión hoy por mi mano.

(Sale Ruy López.)

Ruy   Rey de las islas de este Mar Tirreno,
                   Rey don Alfonso de Aragón, atiende
                   a un varón infeliz de agravios lleno
                   que, agonizando, tu favor pretende.

Éste, de cuyo rostro al campo ameno
un arroyo de lágrimas desciende,
ayer... ¡Ay, qué vejez sin culpa alguna,
espectáculo vil de la Fortuna!
   Esta espada que agora es simple ornato,
báculo y compañía de estas canas,
asombro fue del bélico aparato
de las huestes inglesas y africanas.
Por persuasión artera de un ingrato,
caí de las esferas soberanas
a los senos profundos del abismo;
que toda esta distancia hay en mí mismo.
   Por extranjeros reinos peregrino,
Belisario español, aunque inocente,
me lleva a la vejez fuerte destino,
enojo de mi Rey y Rey prudente.
El condestable de Castilla vino
huyendo, a tu valor, joven valiente.
A nuevo Rey, a nuevo Sol renace
el que a tus plantas generosas yace.

Alfonso   Ruy López, el castellano
condestable, levantad;
que hombre a quien llaman «el bueno»
en la tierra no ha de estar.
En mis brazos, sí.

Ruy   Señor,
¿pues vos mismo os humilláis
para levantarme a mí?

Alfonso   Dichoso me han de llamar
de ser vos tan desdichado,
pues ya es fuerza que viváis

en mi reino, y, ¡vive Dios!,
jurélo, no ha de faltar,
que no volváis a Castilla
aunque el Rey, como leal
y buen caballero, quiera
haceros mercedes. Ya
Nápoles ha de ser hoy
la gentil, ella os dará
los títulos que en Castilla
injustamente dejáis.

Ruy   Dichosa fue mi desdicha.
No es perder, sino ganar
el huir al Rey Alfonso
del enojo de don Juan.

(Sale Herrera.)

Herrera   Dadme albricias, dueño mío,
el bueno, el santo, el leal,
el que Castilla perdía,
por sus pecados, quizá.

Ruy   Pues, amigo, ¿qué hay de nuevo?

Herrera   Salí con el pleito ya.
La sentencia es ésta. Toma,
que no quebró la verdad.

(Lee.)

Ruy   Vistos los méritos y actos de este
proceso, hallamos que debemos absolver
y dar por libre de la culpa que se le

imputaba a don Ruy López de Ávalos, el bueno, condestable de Castilla, y le declaramos por leal y fidelísimo vasallo del Rey, nuestro señor. Y así debemos condenar y condenamos a Juan García, su secretario a ahorcar y hacer cuartos, por autor de la falsedad y traición.

Ruy   Tres sentimientos a un tiempo,
tres efectos en mí están
peleando por salir
y hallando dificultad
por competir y ser grandes,
el primero es de abrazar
al que es padre de mi honra;
el segundo es la piedad
del cuitadillo que muere
con afrenta y pena tal;
y el gozo de verme honrado.
Pero ingrato no seáis,
corazón, salga primero
el afecto natural
del amor que te he debido.
Hijo, abrázame, que ya
mi amor te engendra en mis brazos;
mi hijo te has de llamar.
¿Qué fuera de mí sin éste,
gran señor?

Alfonso   Yo he de premiar
su lealtad.

Herrera   Yo he de servirte.

(Sale un Criado.)

Criado   Mucha luz y majestad
                  en pocos años te busca.
                  El Segundo Rey don Juan,
                  con su hermana y el Infante
                  ha llegado.

(Sale toda la compañía.)

Rey   Aquí nos trae
                  buscando, Rey de Aragón,
                  el amor, vuestra amistad.

Alfonso   A mí el amor de mis primos.

Rey   Yo, primo, vengo de paz.

Alfonso   Yo también solo a pedirle
                  la mano a tu majestad
                  y a su alteza.

Infanta   Bienvenido
                  hoy a Castilla seáis.

Alfonso   Don Enrique.

Infante   ¿Mi señor?

Alfonso   Con tan dulce libertad,
                  ¿qué prisión no ha sido breve?

Ruy   No sé si osaré llegar
                  a los pies de mi buen Rey.

Rey	¡Oh, Ruy López! ¿Aquí estáis?
Ruy	Señor, temí..., no temí... Llegué a pensar..., no a pensar..., turbado estoy de miraros; tenéis un Sol en la faz.
Alfonso	Yo, primo, para mis reinos tenía necesidad de un consejero prudente, de un famoso capitán. La Fortuna me ha traído a Ruy López.
Rey	Libre está, y así, volverá conmigo.
Alfonso	Perdone tu majestad, juré de nunca dejarle.
Rey	¿Y sus estados?
Alfonso	Ya están repartidos, ¿quién lo duda? Y será dificultad quitarlos a quien se dieron. Tantos títulos tendrá en mi reino.
Rey	De esa suerte no ha sido más que trocar las suertes, pues en Castilla, a Ruy López os lleváis

y a mí me deja Aragón
al hombre más singular
en don Álvaro de Luna
en quien España verá
que solamente el ser Rey
conmigo le ha de faltar.

Alfonso   Yo estimaré esta vejez.

Rey   Yo estimo esa mocedad.

Alfonso   Ruy López merece mucho.

Rey   Y éste ha despreciado más.

Alfonso   Ávalos tendrá mi reino.

Rey   Lunas Castilla tendrá.

Alfonso   Familias serán ilustres.

Rey   Pues de esa manera, en paz
               todo queda. Doña Elvira
               mañana se casará
               con don Álvaro, y mi hermana
               al Infante le ha de dar
               la mano, pues de ella ha sido
               tan cortesano galán,
               y el ducado de Trujillo
               para dote se le da.

Infante   Solo ese título agora
               en arras debo aceptar.

Rey   Aquí se queda suspensa
       esta historia, por dudar
       si hasta la segunda parte
       nuestras faltas perdonáis.

       Fin de la comedia

Libros a la carta

A la carta es un servicio especializado para
empresas,
librerías,
bibliotecas,
editoriales
y centros de enseñanza;
y permite confeccionar libros que, por su formato y concepción, sirven a los propósitos más específicos de estas instituciones.

Las empresas nos encargan ediciones personalizadas para marketing editorial o para regalos institucionales. Y los interesados solicitan, a título personal, ediciones antiguas, o no disponibles en el mercado; y las acompañan con notas y comentarios críticos.

Las ediciones tienen como apoyo un libro de estilo con todo tipo de referencias sobre los criterios de tratamiento tipográfico aplicados a nuestros libros que puede ser consultado en Linkgua-ediciones.com.

Linkgua edita por encargo diferentes versiones de una misma obra con distintos tratamientos ortotipográficos (actualizaciones de carácter divulgativo de un clásico, o versiones estrictamente fieles a la edición original de referencia).

Este servicio de ediciones a la carta le permitirá, si usted se dedica a la enseñanza, tener una forma de hacer pública su interpretación de un texto y, sobre una versión digitalizada «base», usted podrá introducir interpretaciones del texto fuente. Es un tópico que los profesores denuncien en clase los desmanes de una edición, o vayan comentando errores de interpretación de un texto y esta es una solución útil a esa necesidad del mundo académico.

Asimismo publicamos de manera sistemática, en un mismo catálogo, tesis doctorales y actas de congresos académicos, que son distribuidas a través de nuestra Web.

El servicio de «libros a la carta» funciona de dos formas.

1. Tenemos un fondo de libros digitalizados que usted puede personalizar en tiradas de al menos cinco ejemplares. Estas personalizaciones pueden ser de todo tipo: añadir notas de clase para uso de un grupo de estudiantes, introducir logos corporativos para uso con fines de marketing empresarial, etc. etc.

2. Buscamos libros descatalogados de otras editoriales y los reeditamos en tiradas cortas a petición de un cliente.

Printed in Poland
by Amazon Fulfillment
Poland Sp. z o.o., Wrocław

69305526R00067